# LA TRANSPORTATION DES RÉCIDIVISTES ET LES COLONIES FRANÇAISES

## RAPPORT

LU A LA

SOCIÉTÉ D'ÉCONOMIE POLITIQUE DE LYON

*Dans sa Séance du 6 Février 1885*

PAR

ALEXANDRE BÉRARD

*Substitut du Procureur de la République à Lyon*

LYON
IMPRIMERIE MOUGIN-RUSAND
3, rue Stella, 3

1885

LA

# TRANSPORTATION DES RÉCIDIVISTES

ET LES

# COLONIES FRANÇAISES

# RAPPORT

LU A LA

SOCIÉTÉ D'ÉCONOMIE POLITIQUE DE LYON

*Dans sa Séance du 6 Février 1885*

PAR

ALEXANDRE BÉRARD

*Substitut du Procureur de la République à Lyon*

LYON
IMPRIMERIE MOUGIN-RUSAND
*3, rue Stella, 3*

1885

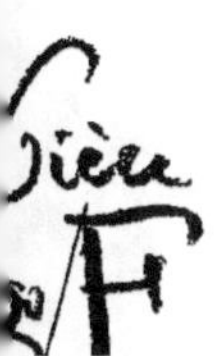

# LA TRANSPORTATION DES RÉCIDIVISTES

ET

# LES COLONIES FRANÇAISES

## I.

Quand on a l'habitude de suivre les débats criminels devant les Cours d'assises, on est frappé d'un fait qui se représente à peu près à toutes les sessions : des bandes organisées de jeunes gens de dix-huit à vingt-deux ans sont traduits devant le jury pour avoir commis ensemble une série de crimes, vols ou assassinats, crimes perpétrés avec un cynisme qui étonne chez des hommes encore adolescents.

C'est par ces bandes que sont accomplis les crimes les plus odieux et les plus monstrueux, ceux qui portent l'épouvante dans les esprits et sèment la terreur dans le quartier tout entier de l'une de nos grandes cités.

Allez au fond des choses et le phénomène ne vous paraîtra plus aussi extraordinaire qu'au premier abord.

En effet, derrière ces jeunes gens, les instruisant dans l'art du crime, guidant leurs bras, se trouve toujours le récidiviste endurci, le malfaiteur dangereux qui les a entraînés dans la voie du mal et qui les a réunis en bande organisée, en bande armée contre la société.

Le récidiviste est à la fois le chef et le maître : il est le professeur, les autres sont les disciples et les soldats.

Ce phénomène, répété souvent, a frappé bien des yeux et l'opinion publique émue a fini, non sans raison, par rejeter sur les récidivistes la responsabilité de la plupart des crimes qui font trembler les bons citoyens.

Débarrasser la métropole des récidivistes qui n'y vivent que du vol et du crime, les transporter dans une colonie qui manque de bras et où ils pourront se moraliser, telle fut l'idée qui surgit dans beaucoup d'esprits de 1876 à 1881.

Elle fut formulée pour la première fois dans l'entourage d'un homme dont l'histoire inscrira le nom dans le livre d'or des grands citoyens, dans l'entourage de Léon Gambetta: à la rue Blaise, les récidivistes lui ont montré qu'ils ne l'ignoraient pas.

Ce sont les comités électoraux républicains des grandes villes, de Paris et de Lyon entre autres, qui se sont mis à la tête du mouvement.

C'est la loge maçonnique *Travail et Persévérante Amitié* qui a réuni plus de 60,000 signatures de pétitionnaires réclamant cette loi salutaire.

Ce sont la plupart des candidats républicains qui, aux élections législatives de 1881, ont inscrit cette revendication dans leurs programmes et leurs professions de foi.

Tous, électeurs et candidats, avaient compris qu'il fallait porter le fer rouge dans cette lèpre attachée au flanc de la société française.

Enfin, en 1882, MM. Fallières et Waldeck-Rousseau déposaient l'un et l'autre sur le burreau de la Chambre des projets de loi tendant à établir dans nos Codes le principe de la transportation des récidivistes ; en 1883, la Chambre des députés adoptait ce principe et, dans quelques jours, je l'espère, le Sénat va le consacrer par un vote définitif (1).

Ceux qu'il faut frapper et exiler loin de la métropole, au delà des mers, ce sont les malfaiteurs de profession, ceux pour qui le crime est le métier et qui, par état, menacent sans cesse la sécurité sociale.

## II.

Et certes, le régime actuel est absolument insuffisant pour organiser contre eux cette défense des honnêtes gens.

Pour s'en convaincre, il suffit de constater la disproportion énorme qui existe dans les statistiques criminelles entre les délits commis par les récidivistes et ceux accomplis par les individus qui en sont encore à leur première faute.

Le nombre moyen annuel des accusés de ceux jugés par les Cours d'assises, qui se trouvaient en état de récidive légale a été :

| | |
|---|---|
| De 1826 à 1830 de. . . . . . . . . | 1,107 |
| De 1830 à 1835 de. . . . . . . . . | 1,386 |
| De 1851 à 1855 de. . . . . . . . . | 2,314 |
| De 1856 à 1860 de. . . . . . . . . | 1,923 |
| De 1871 à 1875 de. . . . . . . . . | 1,858 |
| De 1876 à 1880 de. . . . . . . . . | 1,656 |

Sans doute, le nombre des récidivistes jugés par les Cours d'assises a baissé subitement depuis 1855, après avoir été en progression constante jusqu'à cette date ;

---

(1) Article 1er du projet de loi. — « La relégation consistera « dans l'internement perpétuel sur le territoire des colonies ou « possessions françaises des condamnés que la présente loi a pour « objet d'éloigner de France. »

mais cela ne peut que confirmer la thèse des partisans de la transportation ; cette décroissance est due uniquement, en effet, à la loi du 30 mai 1854, en vertu de laquelle les condamnés aux travaux forcés sont transportés dans une colonie, avec l'obligation d'y séjourner un temps double de celui de leur peine si la Cour d'assises leur a infligé moins de huit ans, avec obligation de ne jamais la quitter si la Cour a fixé ce chiffre : huit — et il faut ajouter que les Cours d'assises, pour cette raison même, inclinent beaucoup à atteindre ce nombre fatidique.

Si, d'un autre côté, nous considérons les statistiques correctionnelles, là nous pouvons, sans nulle hésitation, nous rendre compte du rôle important joué par les récidivistes dans les loisirs des Tribunaux. Pour cela, nous nous contenterons de placer en face l'un de l'autre le tableau indiquant le nombre des inculpés jugés par les Tribunaux et le tableau faisant connaître le chiffre pour lequel les récidivistes figurent dans ce nombre total.

Le chiffre annuel moyen des inculpés condamnés par les Tribunaux correctionnels a été :

| | |
|---|---|
| De 1826 à 1830 de . . . . . . . . | 41,140 |
| De 1831 à 1835 de . . . . . . . . | 46,496 |
| De 1851 à 1855 de . . . . . . . . | 124,560 |
| De 1856 à 1860 de . . . . . . . . | 122,532 |
| De 1871 à 1875 de . . . . . . . . | 132,623 |
| De 1876 à 1880 de . . . . . . . . | 146,024 |

Durant les mêmes périodes, les récidivistes figurent donc un chiffre annuel moyen :

| | |
|---|---|
| De 1826 à 1830 de. . . . . . . . . | 4,101 |
| De 1831 à 1835 de. . . . . . . . . | 6,810 |
| De 1851 à 1855 de. . . . . . . . . | 32,618 |
| De 1856 à 1860 de. . . . . . . . . | 40,332 |
| De 1871 à 1875 de. . . . . . . . . | 60,184 |
| De 1876 à 1880 de. . . . . . . . . | 70,731 |

Ainsi, de 1826 à 1830, sur 41,140 condamnés pour délits, on compte chaque année en moyenne 4,101 récidivistes, soit environ un dixième, tandis que, de 1876 à 1880, sur 146,024 on en compte 70,731, soit à peu près la moitié (1).

Si nous nous arrêtons à ce dernier chiffre, nons voyons que de ces 70,731 délinquants récidivistes, 495 en moyenne annuelle ont encouru précédemment les travaux forcés, 1,203 la réclusion, 13,428 l'emprisonnement de plus d'un an, 45,721 l'emprisonnement à un an et au-dessous.

Si on divise ces 70,731 récidivistes à un autre point de vue, on en compte 49,010 en moyenne qui ont été condamnés une fois pendant la même année, 7,220 deux fois, 1,578 trois fois, 417, quatre fois, 107 cinq fois, 35 six fois, 12 sept fois.

« En 1878, dit M. Joseph Reinach dans son livre remar-« quable sur les *Récidivistes* (p. 17), sur 100 accusés, « condamnés pour vol qualifié, 70 sont des repris de jus-« tice, et 1879 en donne 72. L'assassinat se chiffre, dans « les mêmes années, par 45 et 42 pour 100 de récidives, « la fabrication de fausse monnaie par 48 et 50, l'incendie « par 45 et 48, le meurtre par 36 et 47, les coups et bles-« sures ayant occasionné la mort sans intention de la don-« ner par 33 et 50, les coups à des ascendants par 27

(1) Il résulte d'un tableau récent dressé par les soins de M. le Garde des Sceaux, que le nombre des récidivistes s'est développé suivant une progression constante :

| | |
|---|---|
| 1851 à 1855 . . . . . . . . . . | 34,901 |
| 1856 à 1870 . . . . . . . . . . | 40,255 |
| 1861 à 1865 . . . . . . . . . . | 40,890 |
| 1866 . . . . . . . . . . . . . . | 53,963 |
| 1867 . . . . . . . . . . . . . . | 59,303 |
| 1868 . . . . . . . . . . . . . . | 65,211 |
| 1878 . . . . . . . . . . . . . . | 70,170 |
| 1870 . . . . . . . . . . . . . . | 72,265 |
| 1880 . . . . . . . . . . . . . . | 75,508 |
| 1881 . . . . . . . . . . . . . . | 81,341 |

« et 50, le parricide par 75 et 100, le viol et l'attentat à la « pudeur par 30, le vol domestique par 44 et 57.. »

En un mot, durant ces deux années 1878 et 1879, la criminalité eût été réduite de moitié si la transportation des récidivistes avait été inscrite dans nos Codes (1).

Et parmi ces criminels incorrigibles, notez-le bien, il n'y a pas que des hommes âgés, il y a encore des jeunes gens, qui, ayant déjà subi une condamnation, deviennent très promptement des récidivistes.

Sur 1,557 détenus, âgés de moins de 21 ans, libérés en 1880, 44 ont été condamnés de nouveau avant la fin de la même année, savoir : 1 pour crime et 43 pour délits; 37 ont été condamnés une fois dans cette même année ; 4 deux fois ; 2 trois fois; 1 quatre fois.

Sur 1,738 libérés du même âge en 1879, 171 ont été condamnés de nouveau avant le 31 décembre 1880, soit 11 pour crimes et 160 pour délits.

En 1878, le nombre de ces libérés avait été de 1,539 : avant la fin de 1879, 228 avaient été condamnés de nouveau, dont 14 pour crimes et 214 pour délits; 40 avaient été condamnés deux fois et 21 trois fois.

De tels hommes ne constituent-ils pas un danger social permanent ? Vouloir les guérir de leurs vices en les conservant sur le territoire de la métropole n'est-ce pas insensé ?

En doutez-vous ? Eh bien ! suivez-les dans leurs pérégrinations au milieu de leur existence vagabonde et agitée. Il n'est pas rare de voir passer sur les bancs, soit de la police correctionnelle, soit des Assises, des individus qui en sont à leur trentième, à leur quarantième et quelquefois

(2) En ce qui touche Lyon, il y a trois ans, selon le recensement fait par la police, 1,500 individus eussent été transportés, d'après le projet de loi : aujourd'hui M. le Chef de la sûreté en estime le nombre à 1,800. A Paris, il y a trois ans, le chiffre en était de 5,000.

à leur cinquantième condamnation. Que de crimes auraient été évités si ces individus avaient été transportés !

La société française se trouve en face d'un *péril récidiviste*, d'une armée de 40,000 bandits armés contre elle pour le vol, le pillage et l'assassinat.

« A peine, dit M. Reinach, les récidivistes sont-ils sortis « de prison, qu'ils recommencent leurs exploits. Ils ne « disent jamais : adieu ! à la Cour d'assises et à la police « correctionnelle. Ils leur disent toujours : au revoir ! « Quand on suit avec quelque régularité les audiences des « Tribunaux, on dirait un défilé de figurants qui rentrent « un instant dans la coulisse pour reparaître sous un autre « costume ! » (1).

Voilà l'armée du crime et, certes, ce n'est pas notre régime pénitentiaire actuel qui pourrait arrêter le mal, puisque c'est lui qui, dans une large mesure, l'a engendré.

## III.

Dans nos prisons, en effet, il se forme des associations de malfaiteurs, qui se retrouvent hors des grilles de la maison centrale, et qui mènent d'un commun accord les campagnes préparées et méditées durant les longs conciliabules tenus sous les verroux.

L'individu qui sort de prison est repoussé par l'ouvrier honnête et laborieux ; et alors il est tout naturel que, poussé par ses vices, il s'enrôle dans ces associations, où

(1) Les autres pays ne sont pas mieux partagés que la France. En Wurtemberg, par exemple, en 1872, le nombre des récidivistes était de 65 % sur les condamnés ; en Belgique, de 1861 à 1867, de 47 % ; en Suède, de 1866 à 1870, de 41 % ; en Autriche, de 1868 à 1871, de 59 % pour les hommes et de 51 % pour les femmes.

se trouvent déjà réunis ses compagnons de captivité. L'atelier s'ouvrant difficilement devant lui, il demande au crime, vers lequel l'entraînent ses appétits, le pain qu'il lui est si dur d'acquérir par le travail.

Souvent même, surtout s'il est en état de vagabondage, on voit ce malfaiteur de profession chercher à se faire condamner pour un délit quelconque afin de trouver « bon souper et bon gîte » dans la prison, qui devient pour lui son domicile régulier.

On en voit même quelques-uns qui sont des raffinés en leur genre et qui, émigrant comme les hirondelles — cela soit dit sans comparaison désobligeante pour ces gracieux oiseaux, — vont se faire condamner aux portes des prisons du nord durant l'été, et, à l'approche de l'hiver, s'empressent d'aller se présenter aux Tribunaux des régions plus clémentes du midi.

D'un autre côté, c'est naturellement vers les grandes villes que se portent tous les récidivistes : et plus la ville est importante, plus ils y viennent planter leurs tentes : ainsi, dans notre région, il n'est pas douteux que, à ce point de vue, le voisinage de Lyon ne nuise à Saint-Etienne et que, même en tenant compte de la différence de population, le nombre des récidivistes soit en proportion infiniment moindre dans la seconde de ces villes que dans notre chère cité lyonnaise.

Cet attrait, qu'exercent les grands centres sur les récidivistes, s'explique par deux raisons : d'abord dans les villes importantes le nombre des crimes à commettre est bien plus considérable que dans les autres et les cadavres ont toujours attiré les chacals ; ensuite, il est plus facile aux malfaiteurs de se cacher au milieu de la foule : au village, tout le monde se connaît et il est difficile de dissimuler soit son passé, soit son existence présente.

Pour les récidivistes, les grandes villes sont les centres d'opérations, d'où ils rayonnent pour épouvanter de leurs attentats toutes les régions voisines.

C'est là qu'ils recrutent et organisent cette armée hideuse de la prostitution qui est l'alliée naturelle et nécessaire de l'armée du vol.

C'est là qu'ils renforcent leurs rangs et complètent leurs cadres de ces êtres ignobles, les pires parmi les malfaiteurs, qui, oisifs, uniquement occupés à flairer les mauvais coups, vivent de la prostitution des filles du trottoir.

C'est là qu'ils peuvent, dans des bouges, égorger et piller les malheureux que leur livrent ces maîtresses des hommes du ruisseau.

C'est là enfin qu'ils exercent leur ascendant fatal sur des jeunes gens qu'ils corrompent et qu'ils recrutent pour la maison centrale, pour le bagne, pour l'échafaud, victimes nombreuses que M. Reinach évalue avec raison à près de dix mille par an !

Ils enrôlent ainsi tous les soldats de cette grande armée du crime pour laquelle la prison n'est, en quelque sorte, que le dépôt du régiment !

Ils forment cette armée que César et Catilina ont toujours trouvée prête pour les aider à violer les lois et à déchirer la patrie : derrière toutes les révolutions populaires, mêmes les plus généreuses et les plus justes, ils se sont cachés pour les souiller ; ils ont prêté la main à tous les coups d'Etat ; ils ont égorgé en septembre 1792 ; ils se sont enrôlés tant dans les Compagnies de Jéhu que parmi les Chauffeurs de la Bretagne et de la Vendée ; ils ont été les meilleurs auxiliaires de Trestaillon !

En résumé, si on transportait les récidivistes, on épargnerait aux citoyens tous les crimes qu'ils commettent eux-mêmes et le nombre des bandits diminuerait puisqu'ils ne feraient plus école par leurs exemples et par leurs conseils.

Il faut donc les empêcher de nuire, car, selon le mot de M. J. Reinach, « la démocratie s'est engagée à protéger

« résolument le travail des abeilles contre la déprédation « des frélons (1). »

## IV.

Sans nier les avantages de la transportation, quelques esprits en repoussent l'idée, en affirmant que l'Etat n'a pas le droit d'exiler ainsi les récidivistes sur des terres lointaines. Ce serait, a-t-on dit, frapper les criminels d'une peine nouvelle.

Mais où trouve-t-on cette limitation du droit du législateur de frapper les coupables ? La loi ne déclare-t-elle pas déjà, et sans que nul n'ait jamais songé à protester contre ce principe, qu'en cas de récidive la peine sera plus élevée que pour un premier délit ? Dès lors pourquoi cette peine ne serait-elle pas élevée jusqu'à la transportation ? En vertu de quel principe s'y opposerait-on ? Ne transportez-vous pas, et déjà quelquefois à perpétuité, les condamnés aux travaux forcés ?

Alors même que sa peine est accomplie, la société a toujours un droit sur le criminel, car elle a le devoir de se défendre contre de nouveaux attentats possibles en prenant des mesures préventives.

---

(1) Bien entendu le projet de loi n'atteint en rien ceux qui sont condamnés pour des délits politiques : il ne frappe que les individus condamnés pour crimes de droit commun et pour les délits suivants : vol, abus de confiance, escroquerie, destruction ou dégradation d'arbres ou de récoltes dans les cas prévus par les art. 444, 445, 446, 447 et 449 du Code pénal, outrage public à la pudeur, excitation habituelle de mineurs à la débauche, vagabondage. Le projet exige, en outre, plusieurs condamnations et des condamnations à trois mois au moins.

Du reste, je l'avoue, la liberté des récidivistes m'intéresse beaucoup moins que la vie et les biens des honnêtes gens qu'ils ont l'habitude de ravir !

Enfin, aujourd'hui même, ce principe est déjà consacré dans nos lois qui obligent le condamné aux travaux forcés à séjourner un certain laps de temps dans la colonie alors même qu'il a fini de subir sa peine; dans nos lois, qui, plaçant certains condamnés sous la surveillance de la haute police, les contraignent, à leur sortie de prison, à ne jamais quitter certaine résidence déterminée : système, entre parenthèses, aussi déplorable qu'insuffisant, que remplacerait avec avantage la transportation.

Les récidivistes transportés n'auront-ils pas, du reste, comme compensation à leur exil salutaire, des instruments de travail, de la terre et des outils, qui leur permettront de se réhabiliter, de se créer une vie nouvelle, et qui aujourd'hui leur font trop souvent défaut ?

Aux repentants enfin, à ceux dont la conduite sera digne d'éloge, on pourra toujours, à titre de récompense pour eux et d'encouragement pour leurs compagnons, rouvrir les portes de la France européenne (1).

Nous croyons qu'en frappant les récidivistes endurcis, les représentants de la nation,quoi qu'en ait dit un adversaire du projet, ne mettent pas autre chose dans la loi « que la quantité de sévérité strictement nécessaire pour « assurer la sécurité sociale » et qu'ils sont toujours « des « hommes qui répriment et punissent sans passion, et « avec l'austère équité de législateurs (2). »

Au récidiviste endurci, à celui qui ne s'améliore pas après plusieurs condamnations, à celui dont il faut déses-

(1) Dans sa séance du 26 juin 1883, la Chambre des Députés a repoussé un amendement de M. Bovier-Lapierre ayant pour but de rendre possible le retour des récidivistes méritants.

(2) Discours de M. Gustave Rivet à la Chambre des Députés (Séance du 23 juin 1883. *Journal officiel*, 24 juin).

pérer, pourquoi hésiter à appliquer un châtiment qui pèsera sur lui le reste de sa vie ?

## V.

Si la transportation des récidivistes doit avoir pour premier résultat de nous débarrasser de malfaiteurs dangereux, elle aura aussi pour effet de contribuer au développement de nos colonies et de moraliser les condamnés, même les criminels les plus rebelles à toute idée de justice.

L'exemple de l'Australie « ce chef d'œuvre de la colonisation moderne, » selon l'expression de M. Leroy-Beaulieu, est là pour prouver l'heureux effet de la transportation des malfaiteurs sur la prospérité d'une possession transocéanique.

On peut l'affirmer, l'Australie a été faite par les *convicts*, c'est-à-dire par les forçats libérés.

Vaste continent, sans anse, sans port, sans grand fleuve, aux côtes inabordables vers le nord et aux immenses solitudes, avec ses steppes arides et son sol dénudé, l'Australie avait fait reculer successivement les Français et les Hollandais, qui avaient refusé d'y fonder des comptoirs et d'y fixer leurs colons.

Les Anglais furent plus audacieux et, avec le concours des repris de justice, ils transformèrent cette île dont le sol ingrat rebutait les colons libres.

Le 18 janvier 1788, Philip y débarquait avec 800 *convicts* et six jours après il fondait Sydney.

Et alors, sous la main de ces hommes qui, dans la métropole, eussent sans aucun doute continué le cours de leurs tristes exploits, l'Australie se transforma : elle cessa d'être une terre inculte et sauvage pour devenir la plus riche colonie de l'empire britannique.

Peu à peu les colons libres débarquèrent à leur tour et, secondés énergiquement par les *convicts*, qui leur fournirent la main-d'œuvre à bon marché, ils arrivèrent promptement à faire des Etats de Victoria et de la Nouvelle-Galles du Sud des provinces plus riches et plus prospères que bien des comtés de la vieille Angleterre.

Et, grâce à ce travail, à ce changement de climat et d'existence, le récidiviste endurci s'est moralisé ; il a, à proprement parler, dépouillé le vieil homme pour devenir souvent un ouvrier probe et laborieux.

Transportés, les récidivistes ont bien vite perdu, sous un autre ciel, les habitudes contractées dans la métropole; ils n'ont plus les occasions de crimes pour tenter leurs appétits, tandis qu'ils sont sollicités par le travail qui s'impose à eux comme le seul moyen de conquérir leur pain quotidien, par le travail, dont tous les instruments sont mis entre leurs mains.

On a objecté aux partisans de la transportation des récidivistes l'abandon que l'Angleterre a fait de ce système.

En présentant cet argument on oubliait d'abord que la transportation avait été maintenu dans la Grande-Bretagne depuis 1597, sous la reine Elisabeth, jusqu'à 1867, n'étant suspendue durant ces trois siècles que de 1774 à 1783, pendant la guerre de l'indépendance de l'Amérique, et que certainement nos voisins y eussent renoncé plus tôt si ce système eût été mauvais. On oubliait aussi d'indiquer les motifs pour lesquels la législation avait été modifiée.

La métropole n'a consenti à ce changement qu'à une époque où le système de la transportation n'était plus en rapport avec le développement de la colonie australienne devenue semblable aux comtés des îles britanniques.

En 1838, il y avait plus de 100,000 convicts en Australie : dans la seule province de la Nouvelle-Galles du Sud, sur 77,000 habitants, il y avait 28,000 convicts et 17,000 anciens convicts libérés, soit plus des quatre septièmes.

Distribués entre les colons, qui les employaient aux

travaux soit de la grande culture, soit du commerce, les convicts étaient soumis à un régime rigoureux, qui permettait aux squatters d'infliger à ces esclaves d'un nouveau genre les peines corporelles les plus dures y compris celle du fouet.

Le législateur dut modifier en 1838 ce régime barbare, en établissant du reste un nouveau mode de transportation précédé de la soumission pendant un certain temps des convicts aux travaux forcés à Portland, à Chatam, à Portsmouth, quelquefois même à Gibraltar et aux Bermudes. Une fois débarqués en Australie, de suite ou après quelque temps d'épreuve, on les mettait en liberté avec l'obligation de ne pas quitter la colonie.

En 1853, devant l'invasion des chercheurs d'or, dans la province de Victoria, un bill réduit le nombre des transportés. En 1857, on supprime la transportation en droit pour ne l'abolir définitivement en fait que dix ans plus tard.

Et certes, ce ne fut pas sans de longues résistances que le Parlement britannique renonça à des errements, qui avaient été si féconds pour la prospérité de l'empire colonial de l'Angleterre.

L'Australie occidentale, en effet, était là, sous les yeux du législateur, comme un exemple frappant des bienfaits de la transportation. Sur cette côte dénudée et aride, de 1854 à 1867, l'Angleterre avait transporté annuellement 800 convicts ; et, grâce à eux, des ports avaient été creusés, de grands travaux avaient été exécutés, la colonie était devenue riche et prospère : en quinze ans, sa population s'était élevée de 4,000 à 30,000 habitants.

D'un autre côté, la transportation, depuis 1854, ayant été considérablement diminuée, il y avait eu en Angleterre un tel accroissement de crimes, que le législateur était bien en droit d'hésiter (1).

(1) Voir dans la *Revue des Deux-Mondes*, du 1er novembre 1884, p. 169, un article de M. Edmond Planchut sur cette question.

Mais les colonies libres de l'Australie protestèrent et menacèrent de se révolter si on leur imposait encore l'envoi des *convicts* avec toutes les charges pécuniaires qui leur incombaient. La Nouvelle-Galles du Sud et la province de Victoria n'étaient plus des terres sauvages pouvant servir de terres de régénération aux malfaiteurs endurcis : Melbourne et Sydney se trouvaient dans la même situation que Liverpool ou Manchester.

Voici en quels termes la Commission parlementaire jugeait les résultats du système de la transportation :

« Il est inutile d'insister sur la grande valeur des colo-
« nies australiennes au point de vue de la prospérité com-
« merciale de la métropole. Or, ces communautés si
« grandes et si prospères aujourd'hui ont été créées par
« le système de la transportation : c'est, grâce au travail
« des convicts et à la dépense occasionnée par la trans-
« portation que ces colonies ont pu recevoir des émigrants
« libres, et encourager l'émancipation qui les a rendues
« si prospères ; et cela est vrai même des colonies qui
« n'ont pas reçu directement les convicts, parce que ce
« sont les colonies pénales plus anciennes qui ont fourni
« aux premières les ressources nécessaires pour leur pre-
« mière organisation, et leur ont apporté les premiers
« germes de leur prospérité » (1).

D'un autre côté, à la même époque, examinant la question au point de vue de la moralisation des transportés, le comte Grey écrivait :

« Je fis établir à l'aide d'informations prises au minis-
« tère des colonies, un calcul précisant le nombre total
« des individus qui avaient été originairement prisonniers
« dans les colonies australiennes, mais qui y jouissaient,
« en 1850, d'une entière liberté ou de ce degré de liberté

(1) Fragment cité par M. Richard Waddington dans la séance de la Chambre des Députés du 1er mai 1883 (*Journal officiel*, 2 mai 1883, p. 831).

« que confèrent les billets de congé ou les grâces condi-
« tionnelles. Le résultat de cette investigation fut de démon-
« trer que le nombre de ces individus dans les colonies
« pouvait bien s'élever à 48,600; et, sur ce grand nombre
« ceux qui n'étaient pas en voie, d'une manière ou d'une
« autre, de vivre honnêtement soit par leur travail, soit au
« moyen de propriétés par eux acquises, étaient en telle
« minorité qu'ils ne formaient qu'une fraction insignifiante.
« S'ils fussent restés en Angleterre, les choses eussent
« tourné tout différemment et ce n'est pas, je le crois bien,
« la majorité d'entre eux qui eût mené une bonne conduite
« et la minorité qui eût continué à vivre en guerre avec les
« lois; les derniers, au contraire, auraient été la règle et
« les premiers l'exception.

« Il a été maintes fois prouvé que, lorsqu'un homme
« s'est jeté dans tous les désordres d'une vie de liberti-
« nage et de vol, rien ne lui est plus difficile, après avoir
« subi la peine de ses fautes, que de trouver les moyens
« de vivre honnêtement en Angleterre. Quelque désireux
« qu'il soit de parvenir à ce but et de s'abstenir désormais
« de rien faire contre les lois, son premier genre de vie
« lui ferme toute carrière honnête, et, d'un autre côté, il
« ne lui est pas moins difficile de rompre avec ses anciens
« compagnons, qui le ramènent à ses mauvaises habitudes.
« On cite beaucoup d'authentiques et remarquables
« exemples de sincères mais infructueux efforts faits par
« des hommes qui ont été criminels pour adopter un genre
« de vie plus honnête. Et de là je tire cette conséquence,
« au point de vue de l'intérêt général de l'empire britannique
« que, sous le rapport moral, il est résulté beaucoup plus
« de bien que de mal d'un système par lequel quarante-
« huit mille personnes, menant aujourd'hui, pour la plu-
« part, une existence honnête en Australie, y ont été
« envoyées au lieu d'avoir été laissées en Angleterre, inu-
« tile fardeau pour la société et pour eux-mêmes, comme
« le sont les forçats libérés en France. »

Le grand péril moral et social de nos colonies pénitentiaires transocéaniques est l'absence de l'élément féminin; mais, sans compter les femmes récidivistes, qui y seront transportées d'après la loi nouvelle, beaucoup de femmes n'hésiteront pas à y suivre volontairement leurs maris, puisqu'elles sauront qu'ils seront libres dans la colonie.

Sur le sol australien, on a pu faire des études approfondies sur la moralisation des *convicts* : or, dès le début de la colonisation, au bout de dix ans, des *convicts* en grand nombre étaient transformés, et à ces hommes qu'avaient flétris les Tribunaux, le Gouvernement britannique confiait même les fonctions judiciaires.

M. Leroy-Beaulieu, nous donnant une stastitique fort intéressante sur les convicts australiens, constate que parmi eux la moitié s'est entièrement transformée pour devenir une classe d'excellents citoyens, deux huitièmes sont devenus de médiocres sujets, un huitième, tout en s'améliorant, n'a pas entièrement rompu avec ses anciens errements et qu'un huitième seulement est resté radicalement mauvais.

Il est évident que les récidivistes ne peuvent être transportés que dans les colonies nouvelles, dans celles qui, encore incultes et peuplées seulement de tribus sauvages, sont appelées à être habitées plus tard par les colons de la métropole. Transporter ces malfaiteurs dans des possessions où vivent déjà de nombreux colons libres serait une folie : autant vaudrait transporter nos récidivistes d'un département dans un autre, l'effet serait exactement le même.

## VI.

Certes les récidivistes ne peuvent être transportés dans nos colonies de la Réunion, de l'Algérie ou des Antilles ; mais la Guyane, les îles Marquises, la Nouvelle-Calédonie ne sont-elles pas là pour recevoir ces malfaiteurs endurcis, et, tout en permettant à ces hommes de se régénérer par le travail, de devenir par leurs labeurs de fertiles provinces ?

Au moment où la France, après l'avoir longtemps oublié, se souvient du passé, se rappelle qu'elle a été la première puissance colonisatrice du monde, il est bon de songer aux moyens propres à développer ces provinces lointaines que lui conquiert l'intrépidité de ses explorateurs ou la vaillance des marins de l'amiral Courbet et des soldats du général Brière de l'Isle.

La France a enfin compris, et ce sera l'éternel honneur de M. Jules Ferry d'avoir mis cette pensée à exécution, que Stuart Mill avait raison quand il écrivait : « On peut « affirmer dans l'état actuel du monde que la fondation « des colonies est la meilleure affaire dans laquelle on « puisse engager les capitaux d'un vieil et riche pays ».

La France a enfin compris, selon le vœu de Berryer, qu'elle ne pouvait rester une puissance exclusivement continentale, alors que deux mers viennent de leurs flots battre ses rivages, comme pour l'inviter à leur confier ses trésors, son avenir et ses destinées.

Elle a compris qu'il fallait devancer toutes les autres nations de l'Europe dans l'œuvre d'entreprises coloniales, au moment où tous les peuples, redoutant les luttes trop meurtrières et trop incertaines du continent, surchargés de population, débordés par le surcroît de production industrielle, vont se partager les terres sauvages de l'Asie, de l'Afrique et de l'Océanie, pour accomplir ainsi la grande œuvre économique, politique et sociale de la fin du XIXe siècle.

Eh bien ! à l'heure où de Brazza livre à la patrie les immenses territoires du Niger et du Congo, où la Tunisie est rattachée à notre grande colonie algérienne, où nous fondons dans l'Indo-Chine un empire digne de celui créé jadis aux Indes par Dupleix, où notre drapeau flotte sur

Formose, cette perle des mers orientales, et sur Madagascar, cette grande île qui nous appartient de droit depuis le XVII^e siècle, que la négligence des gouvernements précédents a oubliée trop longtemps et qui sera bientôt la rivale française de l'Australie britannique, à cette heure de réveil colonial, il faut, éclairés par les enseignements de l'histoire, songer au perfectionnement et à l'achèvement de l'œuvre colonisatrice, qui assurera à la France grandeur, richesses et prospérité.

L'exemple de l'Australie est là : pourquoi la transportation ne réussirait-elle pas aussi bien à Madagascar qu'à Melbourne et à Sydney ? Pourquoi les *convicts* français ne contribueraient-ils pas à l'établissement d'une grande colonie dans les mers de l'Afrique australe aussi bien que les *convicts* anglais ont aidé leur pays à doter la couronne britannique d'un de ses fleurons les plus éclatants ?

Les colonies désignées par le projet de loi comme devant recevoir les récidivistes transportés sont :

La Nouvelle-Calédonie ;

Les îles Marquises ;

La Guyane ;

L'île Phu-Quoc sur les côtes occidentales de la Cochinchine.

Cette dernière, étroite et restreinte, proposée par M. Blancsubé, député de la Cochinchine, comme lieu de transportation, puis repoussée par le même député, ne pourra contenir qu'un très petit nombre d'individus.

La Guyane, les îles Marquises, et demain, nous l'espérons, Madagascar, si riches et si fertiles se prêtent admirablement à la transportation.

Quant à la Nouvelle-Calédonie, de toutes nos colonies elle a certainement été la plus contestée. M. Félix Granet a soutenu que l'île était impropre à la culture soit du café, soit de la canne à sucre et que les récidivistes ne pourraient guère y être occupés qu'à la culture maraîchère et à l'élevage du bétail (1). M. Georges Périn a affirmé que l'île ne pouvait recevoir qu'un nombre très limité d'individus.

Or, il résulte, au contraire, des renseignements recueillis par le ministère de la marine que l'île est extrêmement fertile et très riche en mines. La Nouvelle-Calédonie et les îles adjacentes ont une superficie de 2,000,000 d'hectares, sur lesquels, dans la seule île principale, on évalue à 400,000 hectares les terres propres à la culture. Et pourtant, sur ce vaste territoire, il n'y a que 2,400 habitants libres, qui sont obligés d'aller recruter des travailleurs parmi les indigènes des Nouvelles-Hébrides ! Il n'y a que 20 ou 25 kilomètres de routes aux environs de Nouméa : faute de bras, on ne peut accomplir les grands travaux d'utilité publique nécessaires à la prospérité de la colonie.

Si, en quarante ans, l'Australie a pu recevoir 150,000 convicts, la Nouvelle-Calédonie peut certes en recevoir 500 chaque année.

Comme le remarque M. Planchut, dans un très intéressant article publié par la *Revue des Deux-Mondes*, il faut que le récidiviste transporté soit obligé de gagner sa vie sur le sol de la colonie ; s'il compte sur l'Etat pour le nourrir, s'il a le loisir de s'abandonner aux pernicieux conseils de l'oisiveté et de la paresse, il restera malfaiteur, étant toujours inutile, il ne cessera pas d'être dangereux.

Il faut, en outre, qu'il soit soumis à un régime sévère qui l'arrête si jamais il tente de troubler la colonie et de violer la paix sociale par des vols ou des assassinats.

Il est nécessaire, enfin, d'éviter un encombrement de transportés sur un seul point et d'en jeter des milliers sur un territoire trop restreint, car on s'exposerait alors à rendre toute surveillance et toute police impos-

---

(1) Chambre des Députés, séance du 28 juin 1873. (*Officiel* 29 juin, p. 1481).

sibles : mal gardés, les récidivistes s'échapperaient et s'empresseraient de regagner les rives de la métropole (2).

## VII.

Aux partisans de la transportation des récidivistes, ses adversaires ont souvent opposé l'argument financier en faisant remarquer à quelles grandes dépenses elle entraînerait le trésor public.

Mais, certes, si grâce à cet exil salutaire, nous évitons des vols, des assassinats, et en grand nombre, qui donc pourra s'en plaindre ? Qui donc osera soutenir que la dépense est improductive, n'est point favorable au développement de la richesse publique ?

D'un autre côté, ce régime même n'est-il pas moins coûteux que celui des prisons, surtout avec l'emprisonnement cellulaire ? Et je laisse de côté cet argument : la transportation est la solution naturelle de ce problème si difficile du travail des condamnés faisant concurrence aux ouvriers libres ?

Enfin, si dans nos colonies, les récidivistes accomplissent cette œuvre aussi grande que celle achevée par les *convicts* anglais en Australie, la France ne retrouvera-t-elle pas au centuple l'or qu'elle aura dépensé ?

---

(2) Il est vrai que ce danger n'est pas bien redoutable, si l'on en juge par le très petit nombre des forçats libérés qui ont pu déserter les côtes de la Nouvelle-Calédonie et se réfugier en Australie : dans le Queensland, la province la plus rapprochée de Nouméa, le nombre des évadés, de 1875 à 1883, a été de 42.

## VIII.

La Constituante de 1789, à laquelle, même un siècle plus tard, il faut toujours remonter pour retrouver les Codes des vrais principes sociaux, économiques et politiques, la Constituante avait posé le principe de la transportation des récidivistes : il appartient à la démocratie républicaine de l'appliquer. L'instruction répandue à flots arrêtera le plus grand nombre des malfaiteurs d'instinct avant la première faute ; la transportation des récidivistes s'opposera à ce que les criminels accomplissent de nouveaux forfaits.

La transportation des récidivistes, c'est la sécurité sociale ; c'est la banqueroute pour les malfaiteurs de profession.

La loi qui ordonnera cette mesure salutaire s'impose au vote du Parlement national : car, ainsi que le disait Channing : « Les sociétés sont responsables des catas-« trophes qui éclatent dans leur sein, comme les villes « mal administrées où on laisse pourrir les charognes « sont responsables de la peste. »



Lyon. — Imprimerie Mougin-Rusand, rue Stella, 3.

www.ingramcontent.com/pod-product-compliance
Lightning Source LLC
LaVergne TN
LVHW010254230826
846091LV00007B/2973